JULIETTE

et

LA NOURRICE,

PAR J. M. WRIGHT.

M. Wright a été pendant un certain temps peintre de décorations de l'Opéra Italien à Londres, et cette circonstance a exercé une influence marquée sur son talent, qui se distingue surtout par une grande facilité d'exécution. Sa manière est large et hardie, et il réunit les qualités précieuses de bon coloriste et de dessinateur correct. Il appartient à l'école de Stothard, qui est en possession de la faveur du public anglais, et ses ouvrages le mettent au rang de ceux qui approchent le plus de ce maître.

LA NOURRICE.

Ma maîtresse! allons, chère maîtresse Juliette. — Ma foi, pour elle, elle dort profondément. — Eh bien, mon agneau! eh bien, madame! Fi, paresseuse! Allons, mon amour, levez-vous, vous dis-je. Madame, mon cher cœur, jeune mariée... Quoi! pas le mot... Vous en prenez votre saoul, maintenant; vous vous en donnez pour toute la semaine, Dieu me pardonne. — Ma foi, amen! — Que son sommeil est profond! Il faut absolument que je l'éveille. — Madame! Madame! Madame! Hâtez-vous si vous ne voulez pas que le comte Pâris vous surprenne au

1

lit. Vous vous lèveriez bien vite de frayeur, j'en suis sûre, n'est-ce pas? Comment, tout habillée? vous n'avez pas encore quitté votre robe, et vous voilà encore couchée? Il faut nécessairement que je vous réveille. — Madame! Madame! Madame! — Hélas! au secours! au secours! ma maîtresse est morte! O malheureux jour! Faut-il que je sois jamais née! Un peu d'eau-de-vie? O Seigneur! ô Madame!

(SHAKSPEARE. Roméo et Juliette. Acte iv, Sc. v.)

𝕮ue

𝕯𝕰 𝕷𝕬 𝖁𝕬𝕷𝕷𝕰𝕰 𝕯𝕰 𝕷𝕷𝕬𝕹𝕲𝕺𝕷𝕰𝕹,

PAR C. MARSHALL.

Élève du peintre de décorations Marimni, et devenu lui-même premier peintre de décors du théâtre royal de Covent Garden , M. C. Marshall a déjà égalé s'il ne les a même dépassés, et son maître , et son prédecesseur dans cet emploi, le célèbre Roberts. Il passe maintenant en Angleterre pour le plus habile artiste en ce genre. La brillante réputation que lui ont faite les magnifiques décors dont il a enrichi Covent Garden , depuis qu'il est attaché à ce théâtre , a pu contribuer à faire rechercher ses tableaux et ses aquarelles ; mais le bon goût dont il fait preuve dans le choix de ses sujets , le talent avec lequel il dispose ses compositions, et le charme que présente leur exécution , justifient bien d'ailleurs cet empressement des amateurs. M. C. Marshall n'a que vingt-huit ans, et les progrès remarquables qu'il a faits depuis qu'il s'est fait connaître, donnent lieu de présumer qu'il est destiné à occuper le rang le plus distingué parmi les meilleurs paysagistes anglais.

La vallée de Llangolen , dans le comté de Dembigh, au nord du pays de Galles, fait l'admiration des voyageurs, et la beauté des sites qu'elle présente a plusieurs fois été célébrée par les poètes. Elle est arrosée par la Deva, et traversée par un canal qui part de l'aqueduc Pont-Y-Crysistan et va jusqu'aux ardoisières d'Oernant. Presque toutes les villes de ce comté sont dominées par de vieux châteaux en ruines. Celui dont les débris couronnent une colline, dans le tableau de M. Marshall, d'après lequel a été fait cette gravure, est connu sous le nom de Crow Castle (château des corneilles).

On élève, dans le comté de Dembigh, beaucoup de chèvres et de moutons, et les fromages que l'on y fait sont comparables à ceux de Chester. On y trouve des mines de plomb, de fer et de houille. L'air y est très sain, et les habitans passent pour y vivre long-temps sans que les glaces des années amortissent l'activité dont ils sont doués.

Galerie

DES

ARTISTES ANGLAIS

DE L'ÉCOLE MODERNE,

ou

Collection de Gravures

d'après

TURNER, STANFIELD, ROBERTS, BONINGTON, HAVELL, PROUT, ARNOLD, CATTERMOLE, COX, COPLEY FIELDING, DEWINT, AUSTIN, ET AUTRES.

Par les plus habiles Artistes de Londres.

Avec l'explication des sujets

Et des Notices historiques et critiques sur les principaux Artistes de la Grande-Bretagne.

DEUXIÈME SÉRIE.

PARIS

CHEZ DESENNE, LIBRAIRE,

RUE HAUTEFEUILLE, N° 10.

M DCCC XXXVII

Le

CHATEAU DE SCARBOROUGH,

PAR CH. BENTLEY.

Charles Bentley appartient à l'école du célèbre Stanfield , et bon nombre de ses aqua-relles peuvent soutenir la comparaison avec celles de ce maître. La plupart des qualités qui caractérisent le talent de ce dernier , se retrouvent chez le jeune artiste qui l'a pris pour modèle : touche légère et facile , brillant coloris, entente de l'effet. Les sujets de marine sont ceux que M. Charles Bentley choisit plus particulièrement, et il rend , avec une grande vérité , le mouvement des vagues et la transparence des eaux. Sacrifiant tout au pittoresque et à l'effet, il paraîtrait peut-être aux yeux d'un amateur français, négliger trop le dessin , si l'aspect séduisant de ses aquarelles et de ses tableaux permettait de remarquer un dé-faut qui d'ailleurs n'est chez les artistes anglais qu'un moyen d'éviter cette sécheresse d'exécution qu'ils reprochent à notre école. Ce fut M. Griffiths, célèbre amateur, qui en-couragea les premiers essais de ce jeune peintre , dont les productions sont maintenant fort recherchées.

Le château de Scarborough fut bâti en 1136 par Guillaume-le-Gros, comte d'Albemarle et Holdernesse, gentilhomme d'origine normande, et qui possédait dans les environs de vastes domaines. Henri II s'en rendit maître, et depuis ce temps ce château est resté forteresse royale. On a attaché beaucoup d'honneur à l'emploi de gouverneur de cette place, et les plus grands seigneurs l'ont de tout temps sollicité.

L'histoire de cette forteresse n'offre rien de remarquable jusqu'au règne d'Édouard II , époque où Piers Gaveston y chercha un refuge

contre la persécution des barons rebelles. Assiégé par le comte de Pembroke, Gaveston se défendit jusqu'à la dernière extrémité, et ne se
rendit qu'après avoir épuisé ses vivres et ses munitions. Six ans après
le château essuya un nouveau siége de la part des Écossais sous la con-
duite de lord Douglas, le même qui se signala à la bataille de Bannock-
burn. En 1377 on y renferma un fameux pirate écossais nommé Mercer,
que l'on relâcha ensuite pour une modique rançon. Son fils, pour le
venger de la captivité qu'il avait subie, fit une descente dans le port et
emmena plusieurs vaisseaux. A l'époque de la révolution de 1536, le
château de Scarborough fut attaqué par un parti de l'armée des fanati-
ques, ayant pour chef Robert Ashe ; mais le brave sir Ralph Eure, qui
y commandait, repoussa cette attaque. Lors de la rebellion de Wyat,
Thomas Stafford s'en empara par un coup de main, mais il ne put le
garder plus de trois jours : il fut repris par le comte de Westmoreland.
Durant la guerre civile, sous le règne de Charles Ier, la forteresse de
Scarborough fut assiégée et prise deux fois par les troupes parlemen-
taires. On l'a réparée en 1745, et mise sur un bon pied de défense.

Les murs de ce château ont douze pieds d'épaisseur. Une muraille
qui défend le sommet de la montagne du côté de l'ouest, est flanquée de
nombreuses tourelles semi-circulaires, percées d'ouvertures par où les
assiégés lançaient les traits et autres projectiles. Ces tours et ces murs,
actuellement inutiles, sont dans un état de ruine.

La ville de Scarborough était beaucoup plus petite qu'on ne la voit
maintenant, et n'occupait que le rivage de la mer. Elle doit son agran-
dissement à la renommée dont elle jouit pour la pêche, les eaux miné-
rales et la salubrité de l'air.

LES CONSEILS.

Gravé, d'après le tableau de G. Vickers,

PAR TH. HOPE.

M. Vickers, qui a déjà exécuté pour la première série de la Galerie des
Artistes anglais un tableau de marine, et au talent de qui nous avons, à
cette occasion, rendu hommage, a voulu, en choisissant le sujet représenté dans le second tableau qu'il destinait à cette collection, prouver
qu'il pouvait s'exercer aussi avec succès dans un genre bien différent.
Ce sujet paraît tiré de quelque roman ou nouvelle. Une scène à peu près
semblable est décrite dans l'*Histoire de Gilblas,* et peut-être est-ce l'es-
quisse tracée par notre grand peintre de mœurs, Lesage, qui a fourni au
jeune artiste anglais les élémens de cette composition. Quelques détails
semblent l'indiquer ; mais en observant l'attitude et la physionomie de
chacune des deux figures, on comprend qu'il a pu se borner à lui donner
pour titre les Conseils (the admonition) ; et c'est bien là, sans distinc-
tion de temps et de pays, cet air grave et composé que prend une duègne
en donnant à une jeune fille des avis sur les dangers de ce monde, ainsi
que la respectueuse résignation avec laquelle cette dernière prête son
attention à des discours dont pas un mot ne la persuade.

SCÈNE DE FAUST,

PAR G. CATTERMOLE.

Une petite maison dans le jardin.

MARGUERITE. Elle entre en courant dans la maison, se cache derrière la porte, pose son doigt sur ses lèvres, et regarde à travers les fentes.

Il vient.

FAUST. Il entre.

Ah! friponne! tu voulais m'attraper, mais je te tiens.

(Il l'embrasse.)

MARGUERITE. Elle passe son bras autour de lui, et lui rend son baiser.

Cher ami! je t'aime du fond du cœur.

(On frappe à la porte.)

FAUST, avec impatience.

Qui est là?

MÉPHISTOPHÉLÈS.

Ami.

FAUST.

Animal!

MÉPHISTOPHÉLÈS.

Il est temps de se séparer.

(FAUST, ACTE 1er.)

Cette scène du célèbre drame de Goëthe ne paraîtra sans doute pas rendue avec toute la fidélité désirable, et ce n'est pas là ce qu'elle aurait offert à l'imagination d'un peintre français. Mais G. Cattermole, tout en

2

donnant pour titre à sa composition : *Rencontre de Faust et de Margue-rite dans la maison d'été,* n'a eu dessein que de faire un paysage, et ces deux amans, comme le rusé démon qui vient troubler leur entretien, n'en sont qu'un accessoire. L'artiste français eût peut-être cherché dans ce sujet les moyens d'exciter quelque émotion dans l'ame du spectateur ; charmer l'œil par l'aspect d'une jolie fabrique et d'un site pittoresque ainsi que par un effet piquant, tel est le seul but que s'est proposé l'artiste anglais, et qu'il a complétement atteint.

NAUFRAGE.

RUINES DU CHATEAU DE DUNSTANBOROUGH,

PAR J. W. CARMICHAËL.

La prédilection des artistes anglais pour les sujets de marine, s'explique par leur position d'insulaires ; mais on comprend que si apercevoir, seulement même par la pensée, la mer à l'entour de soi sur tous les points de l'horizon, suffit pour déterminer cette prédilection, celui qui est né, pour ainsi dire, et a passé une partie de sa vie sur un vaisseau, doit avoir encore plus constamment présent à son imagination, ces scènes auxquelles il a assisté, où souvent même il a joué un rôle actif et périlleux. Tel est M. J. W. Carmichaël. Né à Newcastle sur la Tyne, et destiné par ses parens à être marin, il fut élevé sur mer et fit long-temps partie de l'équipage d'un vaisseau marchand ; mais, profitant de tous les instans où il descendait à terre pour se livrer à l'étude du dessin, qu'il aimait passionnément, il fit de rapides progrès dans cet art, pour lequel il avait une véritable vocation, et y trouvant bientôt des moyens d'existence, il abandonna la profession qu'on lui avait fait embrasser. Un talent remarquable pour le genre qu'il devait plus naturellement adopter, ne tarda pas à lui faire une réputation qui s'étendit jusqu'à Londres, et quoiqu'il habite toujours sa ville natale, qu'il se tienne en dehors de toute coterie, son nom a maintenant acquis par toute l'Angleterre une juste célébrité.

La vue que présente cette gravure est celle des ruines du château de Dunstanborough sur la côte orientale du Northumberland ; un violent orage qui vient de fondre sur ce point, et qui passe dans l'éloignement en épaisses nuées, a fait naufrager plusieurs bâtimens ; au milieu de ce désastre, on remarque deux matelots qui, dans une frêle embarcation, luttent contre les vagues, pour sauver quelques débris.

Le château de Dustanborough, un des plus importans par son étendue et ses fortifications de ceux qui se trouvent sur la frontière de l'Angleterre et de l'Ecosse, et qui furent habités par les fameux borderers, dont Walter-Scott a retracé les mœurs guerrières, n'est cependant mentionné dans aucune chronique de ces temps barbares. Le seul fait qui ait donné lieu de le citer dans l'histoire, est un siége qu'il essuya pendant les guerres désastreuses des Maisons d'Yorck et de Lancastre : il soutint quelque temps la fortune chancelante de Henri VI. Une partie du mur d'enceinte et une tour sont à peu près tout ce qui reste de ce monument. Lorsque le vent souffle avec force du nord-est sur une portion du rocher qui sert de base au château de Dunstanborough, les lames qui battent la côte s'élèvent quelquefois à plus de trente pieds au dessus du roc. On lui a donné le surnom de Rumbling-Quern (moulin tonnant.)

Scène

TIRÉE

DE ROB-ROY,

PAR W. KIDD.

———————

Les sujets grotesques ou rustiques sont ceux qu'affectionne particulièrement M. W. Kidd, et peu de peintres, en Angleterre même, où ce genre est si bien traité, savent les rendre avec autant de verve et d'esprit que cet artiste. Né en Ecosse, il aime à retracer les scènes et les costumes de ce pays, décrits dans les ouvrages de son compatriote Walter-Scott, et l'on retrouve dans ses compositions une copie fidèle des tableaux tracés par le célèbre romancier. Un effet vif et piquant, une belle couleur, un dessin correct quoique sans un style exagéré, et une grande vérité dans les détails, en distinguent l'exécution, et placent cet artiste dans les premiers rangs parmi le petit nombre de ceux qui, en Angleterre, traitent la figure.

———————

« Nous sommes trois contre trois, dit le petit highlander en fixant ses yeux sur nous; si vous êtes de galans hommes, dégaînons »; et tirant sa claymore il s'avança vers moi. Je me mis en défense, et, sûr de la supériorité de mon arme, espèce de rapière ou épée courte, l'issue du combat ne me causait aucune crainte. Le bailli se comporta avec un courage extraordinaire. Voyant le gigantesque highlander s'avancer vers lui l'épée nue, il essaya, une seconde ou deux, d'arracher son poignard de son fourreau; mais le trouvant trop rouillé pour quitter le fourreau auquel la rouille et le repos l'avaient collé, il saisit un soc de charrue rougie au feu, qu'il servait à attiser, et le brandit avec tant d'art, qu'à la première passe, il mit en feu le manteau de l'Ecossais, et le tint à distance respectueuse tandis que celui-ci tâchait de l'éteindre.

André, au contraire, qui aurait dû faire face au champion des Lowlands, je le dis à regret, avait trouvé le moyen de disparaître dès le commencement de la querelle, mais son antagoniste, l'ayant vu s'enfuir, s'écria : « Partie égale ! partie égale ! » et se contenta, avec courtoisie, de rester spectateur du combat.

Mon but était de désarmer mon ennemi ; mais je n'osais en approcher de trop près, de crainte du dirck qu'il tenait de la main gauche, et dont il se servait pour parer les coups que je lui portais, tandis qu'il m'attaquait de la droite. Cependant le bailli, malgré son premier succès, ne se défendait qu'avec beaucoup de peine. Le poids de l'arme dont il se servait, son embonpoint et même sa colère, avaient déjà épuisé ses forces. Il allait se trouver à la merci de son adversaire, quand le dormeur, éveillé par le bruit des armes, se leva tout à coup, et ayant porté les yeux sur lui, se jeta, l'épée nue d'une main et la targe de l'autre, entre le magistrat, hors d'haleine, et son assaillant.

(Rob Roy. Chap.   )

CHATEAU DE HEIDELBERG,

PAR J. ARCHER.

Le château de Heidelberg est bâti sur une montagne près de la ville du même nom. Ce qui, dans ce monument, devait le plus frapper l'attention d'un artiste, c'étaient les ruines imposantes de cette grosse tour fortifiée, qu'une jeune et vigoureuse végétation envahit chaque jour, et menace de faire disparaître bientôt sous ses masses de verdure. M. J. Archer nous offre ici l'aspect pittoresque de ces vénérables débris de la splendeur et de la puissance des temps féodaux. Mais ce ne sont pas ces ruines qui attirent principalement les curieux au château de Heidelberg : ils y vont visiter le fameux tonneau qui remplaça celui que les Français brisèrent sous le règne de Louis XIV. Il contient 440,000 litres. On y monte par un escalier de cinquante marches, et l'on évalue à douze milliers le poids du fer employé à le cercler. C'est dans ce château que furent établies les premières serres que l'on vit en Europe.

Heidelberg, ville universitaire dont la fondation remonte au douzième siècle, est située à dix lieues au sud-est de Mannheim, en remontant le Neckar; ancienne capitale du Bas-Palatinat, elle fait maintenant partie du grand duché de Bade. Peu de villes ont autant souffert des malheurs de la guerre: elle fut brûlée en 1278 et en 1288; pillée par l'armée bavaroise en 1602, et enfin de nouveau saccagée et brûlée, et son château ruiné par les Français, en 1693.

UN NAUFRAGE

PRÈS DE BLACK-GANG CHINE,

PAR R. BRANDARD.

Black-Gang Chine est un point de ces côtes hérissées de rochers qui, de toutes parts, défendent les abords de l'île de Wight. De nombreuses troupes d'oiseaux de mer, parmi lesquels les plus communs sont les plongeons, les becs-tranchans, les mouettes, les cormorans et les choucas, viennent s'abattre sur cette plage déserte, et ajoutent encore à l'aspect de désolation qu'elle présente, par la discordance de leurs cris sauvages. Il est impossible de rendre avec plus de fidélité la vue de cette côte que ne l'a fait R. Brandard dans le tableau d'après lequel a été gravée la planche que nous donnons ici, comme il aurait été difficile à un autre burin qu'au sien propre de reproduire tout le charme de cette peinture. Ce naufrage d'un bâtiment qui vient échouer dans le lointain sur des brisans, cette foule de malheureux passagers parvenus à terre à travers mille obstacles, et que le pinceau de l'artiste offre pour ainsi dire à notre imagination plutôt qu'à nos yeux, ce ciel chargé de nuages qui obscurcissent l'horizon, tandis que quelques éclairs jettent sur d'autres parties du tableau une pâle lueur, tout, dans cette composition, ensemble et détails, ordonnancement et exécution, captive l'œil, excite l'émotion, et décèle en même temps le génie et le talent d'un grand artiste.

LE CHATEAU DE GOODRICH,

PAR P. DEWINT.

Le château de Goodrich, situé sur le sommet d'un promontoire élevé au bord de la Wye, et entouré de magnifiques forêts, a été bâti par les Talbot, peu de temps après la conquête de l'Angleterre. Il fut donné, en 1204, par le roi Jean, au maréchal comte de Pembroke. L'histoire ne nous a transmis du reste aucune particularité intéressante relative à ce château. Du haut d'une vieille tour, seule partie de l'édifice assez bien conservée, on jouit d'une vue magnifique; on a sous les yeux la partie la plus riche et la plus romantique du comté d'Hereford. Les détours que fait la Wye qui, près de là, serpente autour de la paroisse de Goodrich, contribuent pour beaucoup à la beauté de ce site, dont le dessin de M. Dewint donne une idée fort exacte. Mais c'est moins l'aspect pittoresque de ce paysage qui attirera l'attention des amateurs que le talent de l'artiste, qui a rendu avec une grande vérité un effet du soleil levant. Les ombres de la nuit se dissipent à peine sur les premiers plans du tableau, et ne permettent point encore de distinguer nettement les arbres de la forêt qui environne le château de Goodrich, que déjà l'astre qui paraît sortir de l'horizon derrière les ruines de ce monument répand une vive lumière dans le ciel et chasse devant lui les vapeurs de la rosée. Ce contraste d'un ciel resplendissant et de teintes obscures sur les terrains, est un moyen souvent employé par les artistes anglais, mais rarement avec plus de bonheur et d'habileté qu'il l'a été ici par P. Dewint.

MOULIN

Sur le Llanberis,

PAR C. MARSHALL.

Cette vue a été prise par M. C. Marshall dans le comté de Caernarvon, au nord du pays de Galles, au sud-est de la capitale de ce comté. La rivière dont les eaux paraissent s'échapper en cascade du pied d'une haute montagne, est le Llanberis, et cette montagne dont la cime se perd dans les nuages est le Snowdon, auquel les habitans du pays de Galles ont donné le nom de Y Widfa (l'orgueilleux). C'est la plus élevée de la chaîne de montagnes qui s'étend sur la frontière du Merionethshire, et qui est appelée par les Gallois Eryri. La crète de ce pic, constamment couverte de neiges, est à 3,500 pieds au dessus du niveau de la mer. Il ne présente d'ailleurs rien de remarquable.

Le Snowdon était pour les anciens Bretons ce que le Parnasse était pour les Grecs et le mont Ida pour les Crétois. Les Gallois l'ont toujours eu en grande vénération, et le prince du pays de Galles ajoutait à ses titres celui de lord du Snowdon. Lorsque Llewelin, dernier des souverains de cette principauté, eut été défait par Edouard Ier, roi d'Angleterre, quoique réduit à la dernière extrémité, il rejeta l'offre que lui fit le roi d'une pension de mille livres sterling et d'un beau comté d'Angleterre en échange de cette montagne. Après la conquête totale du pays de Galles, le monarque anglais éleva sur le Snowdon un arc de triomphe, et célébra par de magnifiques tournois la victoire qu'il avait remportée dans les plaines de Nevin. Depuis ce temps, jusqu'au règne d'Elisabeth, le Snowdon appartint à la couronne et fit partie du domaine royal.

La
CATHÉDRALE DE MAYENCE,

PAR S. PROUT.

Peu d'artistes, en Angleterre, jouissent d'une aussi grande célébrité que S. Prout; il faut ajouter qu'il y en a peu qui aient autant produit et dont les ouvrages attestent tous un talent aussi remarquable et aussi soutenu que le sien. S. Prout, âgé maintenant d'environ 40 ans, est né dans le Devonshire, et a étudié sous Williams de Lephingstone, près d'Exeter. De bonne heure il s'est placé dans les premiers rangs parmi les peintres anglais les plus en réputation. Une manière large et hardie donne à son talent un caractère particulier, et fait que les amateurs reconnaissent à la première vue les productions de son pinceau, qui se distinguent toujours d'ailleurs par un effet vif et lumineux, et la richesse des compositions. Les sujets que traite le plus ordinairement S. Prout sont des vues pittoresques de cathédrales et autres monumens gothiques, et il peut être considéré comme celui de tous les artistes anglais qui sait le mieux donner une idée de la grandeur et de la majesté de ces édifices.

La cathédrale de Mayence, bâtie en pierres rouges (espèce de grès) comme presque toutes les maisons de cette ville, est curieuse par sa construction en différens styles d'architecture, et par le trésor considérable qu'elle renferme. La partie la plus ancienne de ce monument date de l'an 900, et la plus moderne de 1000 à 1100. L'extérieur en est imposant, et produirait un bel effet si les deux tours n'étaient point ruinées.

Mayence, en allemand *Mainz* ou *Mentz*, est la capitale du duché de

Hesse-Darmstadt, et est située près du confluent du Mein et du Rhin. Cette ville était déjà considérable sous la domination romaine et fut long-temps habitée par Drusus. Les Romains la désignaient sous le nom de *Mogontiacum* ou *Moguntia*. Elle dispute à Strasbourg et à Harlem l'honneur de l'invention de l'imprimerie ; le fait est qu'on y montre encore les restes de la maison de Guttenberg. Au surplus, ajoute Malte-Brun, à qui nous empruntons cette notice, si Mayence a vu faire dans ses murs les premiers essais de cet art qui assure à jamais le triomphe des lumières sur la barbarie, elle ne paraît point en avoir profité beau-coup, tant elle a été peu féconde en savans et en écrivains. Mayence possède peu de manufactures considérables, mais son territoire lui four-nit de quoi alimenter un grand commerce en grains, en bestiaux et en tabac, en fer et en houille, surtout en vins et en jambons ; sous ce rap-port elle est fort connue des gourmands. C'est aux environs du bourg de Hockheim, à peu de distance de la ville, que l'on récolte les meilleurs vins ; on dit que, dans les années favorables, la pièce de 600 pintes se vend jusqu'à 2,000 francs prise au pressoir. Les beaux vignobles qui s'étendent sur les collines qui dominent le Rhin, donnent au bassin de Mayence l'aspect le plus riche que l'on puisse imaginer.

MINNA-TROÏL

DANS LA CHAMBRE DE NORNA,

PAR A. G. VICKERS.

Les romans de Walter Scott auront bientôt fourni à la peinture autant de sujets que l'histoire. C'est du *Pirate* que A.-G. Vickers a tiré celui du tableau d'après lequel a été gravée cette planche. Nous nous bornons à rappeler le passage du roman :

« Après la réception de Magnus Troïl par sa cousine, Norna lui demanda ce qu'il désirait d'elle.

« — La santé de ma fille, que rien n'a pu lui rendre jusqu'ici.

« — La santé de ta fille ? quelle est sa maladie ?

« — C'est au médecin à la dire. Tout ce que je sais, c'est que.....

« — Tais-toi ; je sais ce que tu peux me dire et beaucoup plus encore.

« Asseyez-vous tous ; et toi, jeune fille, dit-elle à Minna en lui montrant

« la place qu'elle venait de quitter, assieds-toi sur ce siége. C'était autre-

« fois celui de Giervada, à la voix de qui les étoiles se dépouillaient de

« leurs rayons, et la lune même pâlissait. »

« Minna s'avança d'un pas lent et tremblant vers le siége indiqué. C'était un fauteuil grossièrement taillé par la main de quelque ancien artiste goth. »

(LE PIRATE. Tome III, chap. Ier.)

4

Les
PETITS PÊCHEURS,

PAR R. BRANDARD.

Le sujet de ce joli dessin de R. Brandard est fort simple. Leur travail
achevé, deux enfans de pêcheurs se reposent sur une pelouse où sont
étendus des filets. Le plus âgé se dispose à partir pour emporter le
produit de la pêche, enfermé dans une natte de jonc; et, au moment de
quitter l'autre, beaucoup plus jeune que lui, sa physionomie exprime
l'inquiétude qu'il éprouve en le laissant seul, et en le pressant affectueu-
sement sur son cœur, il semble lui adresser de sages recommandations.
Celui-ci, dans l'attitude insouciante de son âge, prête cependant quelque
attention à ces avis, dont il apprécie déjà l'utilité; car, dans les classes
pauvres, le bon sens est précoce; on est homme de bonne heure, parce
qu'à peine les bras ont-ils acquis assez de force qu'ils sont employés à
des travaux productifs, que l'on connaît le prix du temps, et que l'on a
des intérêts positifs à soigner. De là un développement hâtif de l'intel-
ligence et de la raison. Un enfant de douze ans, riche déjà d'une certaine
expérience, exerce envers son jeune frère une sorte de patronage, lui
témoigne son tendre attachement autant par des conseils que par des
caresses, et l'intimité qu'établissent entre eux les liens du sang, le rap-
prochement des âges, les mêmes travaux, les mêmes peines et les mêmes
plaisirs, fait que celui-ci accueille les avis de son aîné avec plus de con-
fiance qu'il ne saurait recevoir ceux qui lui seraient donnés par ses
parens. Cette position, ces sentimens ont été rendus avec beaucoup de

vérité par R. Brandard, dont nous connaissons l'admirable talent comme paysagiste et comme graveur, et qui, par cette charmante composition, prouve qu'il n'en possède pas moins dans un genre que les artistes anglais abordent rarement. Une couleur harmonieuse, un effet vif et brillant permettent d'ailleurs à peine à la critique de remarquer quelques légères incorrections de dessin.

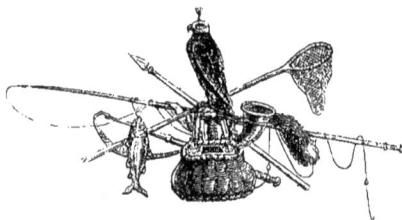

Le
CHÂTEAU DE CHEPSTOW,

PAR COPLEY-FIELDING.

M. Copley-Fielding est président de la Société des peintres à l'aquarelle de Londres, dont nous avons déjà parlé dans la première série de cette galerie. Ce titre, marque de l'estime due à son caractère et à ses qualités personnelles, est aussi un hommage rendu à son talent ; l'honneur d'être placé à la tête d'une Société qui compte au nombre de ses membres les Turner, les Prout, les Harding, les Cattermole, les Lewis, ne pouvait être accordé qu'à un artiste distingué. Déjà de nombreux tableaux, remarquables à la fois par la pensée et par l'exécution, avaient illustré son nom, lorsque M. Copley-Fielding, pour se conformer au goût du jour, s'est appliqué au genre de l'aquarelle. Les études longues et consciencieuses qu'il avait dû faire en se destinant à cultiver un genre beaucoup plus difficile, lui donnèrent un grand avantage pour traiter celui-ci, et il est facile de reconnaître dans ses dessins toute l'aisance d'un pinceau habitué à rencontrer plus d'obstacles. Ses succès dans ce genre n'ont pas fait abandonner à M. Copley-Fielding la peinture à l'huile, et il enrichit en même temps de charmantes aquarelles les exhibitions de la jolie galerie de Pall-Mall, et de beaux tableaux les solennelles expositions de Sommerset-House.

La vue du château de Chepstow, ou plutôt du site admirable où se trouvent les ruines de ce monument, jouit d'une grande célébrité, et c'est sur les lieux mêmes que M. Copley-Fielding en a fait le dessin reproduit ici par l'habile burin de M. H. Payne, et le talent des deux artistes a rendu avec beaucoup de vérité cet admirable coup-d'œil.

Les Romains qui occupèrent Chepstow regardaient cette position comme très avantageuse, parce qu'il faut parcourir une étendue de chemin considérable avant de rencontrer un endroit où l'on puisse traverser la Wye ailleurs que là, et son nom indique que les Saxons n'étaient pas sans l'avoir remarqué. La ville est bâtie partie dans une vallée profonde et partie sur le penchant d'une colline escarpée. Elle fut fortifiée, et les murs, qui étaient flanqués de tours, s'étendent depuis le bord de la rivière, près du pont, jusqu'au château, qui, à cette époque, était le plus grand et le plus important de tous ceux qui existaient dans cette partie de la Grande-Bretagne. Le château était défendu, du côté de la terre, par un fossé et de hautes tours. L'emplacement qu'il occupait était divisé en quatre cours : la première contient les restes des cuisines, une grande salle et beaucoup d'autres pièces ; de la seconde, qui est maintenant un jardin, un passage mène à la troisième, convertie aussi en jardin ; de celle-ci on entre dans la quatrième, qui n'est accessible que par une porte dérobée. L'architecture de ce monument est du style normand. Cette partie du Monmouthshire, où est situé le château de Chepstow, dépendait autrefois du comté de Glocester. Elle tomba au pouvoir des Normands peu de temps après l'invasion. Le château d'Estrighoel ou Striguil, nom que portait alors Chepstow, fut fondé par Whilhelmus Comes (comte Guillaume), qu'on suppose être le même que Guillaume Fitzorborne, comte d'Hereford, tué en 1070.

Don Quichotte

ET SAMSON CARRASCO,

PAR W. WRIGT.

Tous ceux qui ont lu l'histoire de Don Quichotte remarqueront que l'artiste a bien compris l'esprit de satire qui animait Cervantes. Pour ceux qui ne la connaissent pas, nous en donnons un extrait pour faire connaître la figure maligne de Samson Carrasco.

« Ce Carrasco était un homme petit, d'environ vingt-quatre ans, de bon esprit et grand railleur; il avait le visage rond, le nez camard et la bouche grande, tous signes d'un esprit malin et qui ne se fait pas scrupule de se divertir aux dépens d'autrui. Sitôt qu'il vit Don Quichotte, il se jeta à genoux devant lui, et lui demanda les mains de sa grandeur à baiser, en lui disant : « Seigneur Don Quichotte, par les ordres que j'ai reçus, vous êtes le plus fameux chevalier errant qui ait jamais été et qui sera jamais dans toute l'étendue de l'univers. Cid Hamet Benengeli soit mille fois loué du soin qu'il a pris d'écrire l'histoire de vos valeureux exploits, et soit loué cent mille fois celui qui l'a fidèlement traduite de l'arabe en castillan, et qui nous fait toujours du plaisir d'une si agréable lecture ! — Il est donc vrai, répondit Don Quichotte en le faisant lever, que l'on a écrit mon histoire, et que c'est un Maure qui en est l'auteur?

Le Havre

DE SWANSEA,

PAR J. B. PYNE.

Swansea est un port de mer important dans le Glamorganshire, pays de Galles, à deux cent cinq milles de Londres. La ville est située sur la rive occidentale de la rivière Tawe, qui dans cet endroit porte des vaisseaux de haut-bord. Elle a de beaux quais et toutes les commodités pour le commerce. La poterie est le principal objet de ses manufactures, et son premier article d'exportation est le charbon de terre. Sur une élévation au milieu de la ville, sont les ruines du château. Les parties qui en restent debout, sont une haute tour ronde et une grande portion du monument, qui est entourée d'un parapet. On croit que ce château fut bâti, en 1095, par Henri Beaumont, comte de Warwick, pour défendre la conquête de la Péninsule de Gower. Ce seigneur établit dans le pays une colonie d'Anglais, dont les descendans ont gardé un langage et un caractère particuliers au milieu de la population indigène avec laquelle ils s'allient très rarement. Le château de Swansea appartient au duc de Beaufort, qui est seigneur du fief de Gower.

La Cathédrale
DE BEAUVAIS,

PAR S. PROUT.

Beauvais, chef-lieu du département de l'Oise et anciennement capitale du Beauvaisis, petit pays habité par les *Bellovaci*, portait, à ce
qu'on croit, le nom de *Bellovacum*, avant qu'elle reçût celui de
Cæsaro-Magus. Ses rues sont assez larges ; mais le grand nombre de
ses maisons en bois lui donnent un aspect désagréable ; sa cathédrale, qui n'a pas été achevée et qui manque de nef, est célèbre par
la beauté du chœur ; ses anciens remparts sont convertis en pro-
menades. Les Anglais l'assiégèrent inutilement en 1443, et Charles-
le-Téméraire, duc de Bourgogne, ne fut pas plus heureux en 1472.
Ce siége est fameux par les forces qu'y déploya ce prince, et la belle
résistance des habitans. Ceux-ci, loin de s'effrayer des attaques d'une
armée forte de 80,000 hommes, montrèrent tant d'énergie, que les
femmes briguèrent l'honneur de défendre la brèche ; conduites par
Jeanne Fouquet ou Lainé, surnommée *Hachette*, elles combattirent
même avec plus d'intrépidité que les hommes. Celle-ci s'empara d'un
drapeau qu'un ennemi, qu'elle renversa, plantait sur la muraille.
Cette action héroïque est représentée dans un tableau qui décore
l'Hôtel-de-Ville ; et ce fut en mémoire de la levée du siége, que tous
les ans, au mois de juillet, on faisait une procession qui a cessé
depuis la révolution, et dans laquelle les femmes avaient le pas sur
les hommes. Beauvais, dont le commerce est considérable, possède
des fabriques de drap, des filatures de coton, et une manufacture
royale de tapisseries de haute-lisse.

MOULIN

sur le Lac de Lungern,

PAR BALMER.

La Suisse est le pays pittoresque par excellence. L'Italie offre au peintre les merveilles de tous les arts, et son beau ciel ; il peut rencontrer en France, en Allemagne, en Angleterre de magnifiques modèles d'architecture dans tous les genres ; mais c'est en Suisse qu'il doit aller pour trouver toutes les merveilles de la nature, des sites variés à l'infini, des points de vue immenses, les contrastes d'une végétation jeune et vigoureuse, de vertes collines avec des rochers noirs et arides, avec des glaces et des neiges éternelles, ceux d'un ciel pur et serein, d'un soleil brillant, avec ces épaisses vapeurs qui s'élèvent des nombreux lacs, réservoirs des torrens qui se précipitent du sommet des montagnes, avec ces orages effroyables qui vont lançant la foudre de toute part et bouleversant par leurs trombes d'eau, les habitations, les arbres, les moissons. Aussi tout peintre de paysage doit-il nécessairement faire le voyage de Suisse pour y puiser des inspirations, étudier la nature sous tous ses aspects, acquérir le sentiment d'une couleur vraie et la connaissance des grands effets. Les lacs, qui sont nombreux, offrent généralement des bords pittoresques, soit par les accidens de terrains, soit par les fabriques, les moulins et les habitations qui les environnent. On conçoit que M. Balmer n'ait pu passer devant ce moulin agreste, situé sur la rive du petit lac de Lungern et au pied d'énormes montagnes, sans en retracer la vue. Le joli tableau qu'il en a fait est d'un effet très agréable, et animé par des figures dessinées et touchées avec esprit ; il a été rendu d'une manière très fidèle dans la planche que nous donnons ici, par l'habile burin de H. Payne.

St-Germain-l'Auxerrois

PAR E.-H. WEHNERT.

Cette vue de l'église Saint-Germain-l'Auxerrois, prise de la rue de l'Arbre-Sec, est fort exacte ; mais la perspective est si peu observée, qu'on n'imaginerait pas que le premier plan est séparé des maisons qui forment le fond, de toute la largeur d'une place et des quais et de toute la longueur du Pont-Neuf, et au costume des personnages dont l'artiste a animé sa composition, on croirait voir une rue de quelque petite ville de la Normandie; d'ailleurs ce dessin de M. H. Wehnert est d'une charmante exécution, et rendu avec un talent remarquable par M. J. Henshall.

L'église Saint-Germain-l'Auxerrois fut fondée par Chilpéric, sous l'invocation de Saint-Germain de Paris, et nommée, sous la seconde race, Saint-Germain-le-Rond. Ruinée par les Normands, elle fut reconstruite par le roi Robert, et reçut alors le nom de Saint-Germain-l'Auxerrois. Les Anglais la réparèrent en 1423. Pendant long-temps elle fut la seule paroisse dans la partie septentrionale de Paris, et son chapitre exerça un empire tyrannique sur toutes les églises qui s'établirent sur cette rive de la Seine. Le doyen s'opposa notamment à ce que Saint-Eustache fût érigé en paroisse, et imposa les conditions les plus dures aux prêtres de cette église. Dévastée en 1832 par une émeute, elle est demeurée fermée jusqu'à ce jour depuis cette époque, et cette paroisse se trouve, par suite, réunie de fait à celle de Saint-Eustache qu'elle avait voulu empêcher de s'établir. Ce fut la cloche de Saint-Germain-l'Auxerrois qui, la première, sonna le tocsin des massacres de la Saint-Barthélemy.

Cette basilique est un des plus curieux monumens d'architecture gothique qui se trouvent à Paris. Les artistes logés au Louvre, étant paroissiens de cette église, se sont, à plusieurs reprises, empressés de concourir à son embellissement. Les productions des arts y abondaient : on y voyait des tableaux de Jouvenet, de Coypel, de Lebrun, de Bon Boulogne, de Philippe de Champagne, et plusieurs monumens funèbres.

LE MASQUE ROUGE,

PAR G. CATTERMOLE.

Voilà encore une de ces scènes de brigands pour lesquelles G. Cattermole a tant de prédilection. Le titre qu'il a donné à cette composition
ferait croire qu'il en a puisé le sujet dans quelque chronique ou roman ;
mais nous avons cherché vainement d'où il pouvait avoir été tiré, et nous
pensons qu'il est tout entier l'œuvre de l'imagination de l'artiste. On
peut reprocher des négligences dans ce dessin, les figures en sont à
peine ébauchées, et il est difficile de comprendre les formes du personnage qui est terrassé et son costume bizarre. On ne sait non plus s'il a
déjà été frappé du poignard de l'assassin, ou s'il en est seulement menacé,
et, dans ce dernier cas, on peut être surpris qu'il n'oppose aucune résistance. Enfin, il y a au moins beaucoup de singularité dans cette composition de trois personnages, où l'on ne voit pas les traits du visage
d'un seul, ni de face ni même de profil, et dont les premiers plans sont
éclairés par une vive lumière qui vient de droite, et le fond par un jour
qui pénètre par la gauche. Mais si l'on considère ce dessin à quelque
distance, l'œil est charmé de l'effet brillant et de l'harmonie qui y règne,
et en même temps que l'on éprouve un sentiment de terreur à la vue de
cet homme masqué, prêt à plonger son poignard dans le sein de celui
qui est étendu à terre, on espère que le guerrier armé d'une épée, dont
l'ombre, projetée sur la muraille du fond, annonce qu'il s'avance, arri-
vera à temps pour empêcher le forfait.

MOINES

REVENANT DE LA GRAND'MESSE,

PAR J. ROBERTS.

———◦❖◦———

M. D. Roberts, après avoir fait des vues tant à l'intérieur qu'à l'extérieur d'un grand nombre des monumens gothiques, et particulièrement
des anciennes abbayes et cathédrales qui ont échappé aux dévastations
du temps et des guerres, dans son pays, s'est abandonné entièrement
ici à son imagination. A travers une arche d'architecture normande, on
voit un magnifique portail servant d'entrée au chœur de l'église, élevé
sur un plateau. Des moines, revêtus d'habits sacerdotaux, sortent du
chœur et descendent les degrés d'un large escalier garni de balustrades.
La grande variété des styles employés par l'artiste, atteste une connaissance parfaite du pittoresque dans l'architecture gothique, mais nous
semble pécher sous le rapport du goût et de l'ensemble. Il y a cependant de la grandeur et une majesté qui impose, dans l'ordonnancement
de cet édifice. Le dessin est d'ailleurs exécuté avec tout le talent que
l'on connaît à D. Roberts, et très bien gravé par M. W. Deeble.

L'ENFANT BLESSÉ,

PAR C. CHISHOLME

———⊷◦⊶———

Après les marines, les paysages et les vues pittoresques de monumens, les sujets de peinture que traitent plus ordinairement les artistes anglais, sont ceux qui sont tirés des scènes familières, et il faut
convenir qu'ils y trouvent l'occasion de montrer un talent remarquable
pour rendre avec vérité tous les détails que comportent de semblables
sujets : meubles, ustensiles, costumes, mais surtout les figures et la
physionomie de chaque personnage. Notre assertion à cet égard, jus-
tifiée par les chefs-d'œuvre des Wilkie, des Landseer, des Stothard et
de tant d'autres maîtres, l'est encore par cette charmante composition
d'un jeune artiste peu connu, M. C. Chisholme. La scène que nous
offre son dessin, intitulé par lui, *The cut foot* (Le pied coupé), est de
celles dont tout le monde peut apprécier l'exactitude, car il n'est personne qui n'ait été témoin de quelque autre du même genre. Un enfant
s'est étourdiment blessé en cassant une bouteille. Si le père se fût trouvé
là, le peintre aurait sans doute eu à exprimer son emportement et sa
colère à la vue de cette maladresse de son fils ; mais, par bonheur, il n'y
était pas, et, de la part de sa mère, de sa sœur et de ses petits frères,
celui-ci n'avait à attendre, dans cette fâcheuse circonstance, que des
soins et des marques de tendresse et d'intérêt. C'est ce que l'artiste a
tout de suite senti et parfaitement exprimé. Le pauvre garçon, étendu
sur les genoux de sa mère, pleure et crie à son aise, en présentant au
pansement son pied blessé. La plus vive sollicitude est peinte sur la
figure de la mère, quoiqu'elle ne soit vue que de profil, et la jeune fille,
qui sonde et nétoie la plaie, manifeste toute sa sensibilité à la vue de cette
coupure, en même temps qu'elle y apporte toute son attention. Un jeune

frère considère ce spectacle avec une sorte de stoïcisme , quoiqu'il en paraisse évidemment affecté ; dans le fond, un enfant pleure parce qu'il entend pleurer , et un autre explique à une vieille femme , en lui montrant un morceau de la bouteille, comment l'accident est arrivé. Le soin que met ce dernier à donner tous ces détails, fait diversion au chagrin qu'il peut éprouver , et , quant à la vieille, on comprend sa tranquillité au milieu de ce bruit et de ces plaintes, habituée qu'elle doit être, depuis longues années, à voir de semblables événemens. Ce joli dessin , d'une belle couleur et d'un effet très agréable , fait honneur au talent de l'artiste, comme il atteste un observateur fin et spirituel.

CAUDEBEC,

PAR C. MARSHALL.

Caudebec, chef-lieu de canton dans le département de la Seine-Inférieure, est l'ancienne capitale du pays de Caux en Normandie. Cette ville, peuplée à peine de 3,000 habitans, renferme des fabriques assez importantes, et notamment des tanneries et filatures de coton. Son terroir produit de très beaux fruits, des haricots et des légumes secs, qui forment une des principales branches de son commerce, et elle fournit aux navires marchands qui s'y approvisionnent, de la viande, du biscuit et de la bierre. Située au pied d'une montagne sur la rive droite de la Seine, elle présente un aspect pittoresque, et a souvent servi de sujet de tableaux et de dessins aux artistes anglais. La vue qu'en a faite pour cette Galerie, M. C. Marshall, est sans doute bien incomplète, mais fort exacte et prise avec beaucoup de goût. Un massif d'arbres au milieu de la composition, fait ressortir par une vigoureuse opposition la tour de l'église sur laquelle une vive lumière appelle plus particulièrement l'attention. Ce monument, d'une architecture gothique assez riche, est en effet le plus remarquable, ou pour mieux dire le seul de la ville.

Le
CHATEAU DE DOUVRES,

PAR R. BRANDARD.

La ville de Douvres, dans le beau comté de Kent, est située à l'endroit le plus resserré du Pas-de-Calais. Il n'y a sur ce point qu'une distance de 33 milles de la rive de la Grande-Bretagne à celle de France; aussi est-ce principalement par Calais et Douvres que l'on passe de l'un dans l'autre de ces deux pays. On suppose qu'elle fut occupée comme place de guerre par les Bretons long-temps avant la conquête des Romains, et l'on donne pour étymologie de son nom le mot breton *Dwfyrrha* qui signifie lieu élevé. Elle fut fortifiée par les Romains, et la fondation de la citadelle est attribuée à Jules-César. Dans l'itinéraire d'Antonin, elle est appelée *Portum Dubris;* on montre aux curieux sur le sommet de la hauteur, les ruines de deux grosses tours, dont l'une est de construction romaine, et l'autre a été bâtie, dit-on, par les Bretons.

Le château de Douvres fut regardé pendant long-temps comme la clé du royaume. Successivement démolie par Guillaume-le-Conquérant, puis rebâtie par Henri II, et abandonnée par ses successeurs, cette forteresse fut en dernier lieu mise en état de défense à l'époque où la flottille française réunie à Boulogne menaçait l'Angleterre d'une invasion. Depuis, elle a été entretenue avec soin; un escalier en pierre, creusé dans le roc, et présentant la forme d'un puits autour duquel s'élève une quadruple montée de degrés, sert de communication entre la ville et la forteresse. En une heure, par cet escalier, dix mille hommes peuvent se retirer de la ville dans la forteresse, ou se porter de cette dernière dans l'autre.

BURLINGTON-QUAI,

PAR CHAMBERS.

Burlington ou Bridlington-quai est le port de la ville de ce nom dans le comté d'York. Il forme à lui seul une petite ville dont la principale rue est ouverte sur le port. Ses côtés sont formés de deux pires (jetées) s'avançant assez loin dans l'Océan. Celui qui est au nord est fort beau et sert de promenade. On y jouit d'une très belle vue du Cap Flamborough et de la baie de Bridlington. Ce lieu est très fréquenté l'été à cause des bains de mer et d'une source d'eau ferrugineuse, située à environ un demi-mille au nord-ouest du quai, et qui a les mêmes qualités que celles de Scarborough et de Cheltenham. Le hâvre de cette ville présente le singulier phénomène d'une source d'eau fraîche fluant et refluant, et pour laquelle on a construit un réservoir, afin que la ville et les vaisseaux puissent y puiser de l'eau à marée basse.

La ville de Brindlington est ancienne et très commerçante. Elle renferme les ruines d'une église fondée sous le règne de Henri Ier. La partie que l'on appelle Bridlington-quai est bâtie sur une langue de terre qui s'avance dans la mer : c'est l'extrêmité dont on donne la vue dans cette planche.

PLAINE DE SORRENTO,

PAR W. HAVELL.

La riche et fertile plaine de Sorrento qui environne la ville de ce nom, présente l'aspect d'un vaste jardin. La vue qu'en a prise M. W. Havell, et qui fait le sujet de cette planche , donne une idée de ce site enchanteur; d'énormes ceps de vigne qui s'enlacent aux arbres, bordent et couvrent les chemins de guirlandes chargées de raisins magnifiques et exquis, et une végétation vigoureuse et variée fait de ce tableau un spectacle enchanteur. L'artiste a choisi le moment où se font les récoltes des fruits et la vendange. Des hommes montés au haut de grandes échelles remplissent les paniers qu'ils descendent, au moyen de cordes, aux femmes qui transportent les grappes dans des corbeilles. On retrouve dans la composition et l'effet de ce dessin toute la science de l'habile artiste dont nous avons déjà eu l'occasion de signaler le talent remarquable; mais on peut lui reprocher de n'avoir pas observé fidèlement les costumes, et l'on ne pourrait croire, en voyant les personnages dont il a animé cette scène, qu'elle a lieu dans les environs de Naples.

Sorrento est un port de mer au pied du mont Surrentum; cette ville est située dans la péninsule qui forme la partie méridionale de la baie de Naples. Elle est la résidence d'un archevêque.

𝕿ue

DE

L'ÉGLISE DE NOTRE-DAME

A BRUGES,

PAR S. AUSTIN.

L'église de Notre-Dame de Bruges est remarquable par l'élévation de son clocher, sur lequel se guident les marins qui veulent aborder le port d'Ostende, quoique les deux villes soient à une distance de huit milles l'une de l'autre. On voit dans cette église les tombeaux de Charles-le-Téméraire et de Marie de Bourgogne, érigés en 1550. La vue a été prise du marché aux meubles, par l'artiste qui a voulu donner en même temps une idée du mouvement de cette place un jour de marché. On retrouve sur le quai du canal ces maisons à pignons dentelés dans leur partie supérieure, comme on en a déjà remarqué dans la vue de la même ville donnée par Bonington dans la première partie de cette collection, page 21. Le dessin de M. S. Austin, d'un effet très brillant, contraste, sous ce rapport, avec celui de Bonington. Les eaux sont d'une grande transparence, et rendues dans la gravure avec beaucoup de fidélité par l'habile burin de M. J. Henshall.

ATTAQUE
DE SMUGGLERS,

PAR F. C. ZIETTER.

Les Smugglers ou contrebandiers qui infestaient l'Angleterre vers la fin du siècle dernier, faisaient la contrebande à main armée, et attaquaient audacieusement les troupes pour obtenir de vive force le passage de leurs marchandises. Walter-Scott, dans son roman de Guy-Mannering, chapitre 48, a fait des récits intéressans d'expéditions de ce genre. C'est d'après ces récits que M. C. Zeitter a exécuté le tableau dont nous donnons ici une gravure. Les dragons de Mac-Morlan luttent avec quelques hommes de la bande qui vient d'incendier la douane de Portanferry. L'acharnement des combattans est rendu avec énergie. Le groupe principal d'un dragon et de deux contrebandiers qui l'attaquent à la fois est bien composé. Les figures sont pleines de mouvement et de vérité. Il y a de l'originalité dans le costume de l'homme monté sur un cheval blanc, et ce cheval, par sa vigueur et son aspect sauvage, contraste d'une manière piquante avec celui du dragon, qui se cabre et paraît aux abois. Quoique ce soit ici une véritable mêlée, on peut regretter la confusion qui règne parmi les personnages placés sur le second plan, ainsi que le défaut de perspective ; mais ce tableau, dans son ensemble, fait beaucoup d'honneur au talent du peintre.

Vue

DES

ENVIRONS D'ATHÈNES,

PAR G. BARRETT.

L'artiste en donnant ce titre au dessin d'après lequel a été gravée cette planche, ne fait pas connaître le nom de l'endroit où la vue a été prise, ni du monument dont on aperçoit les ruines. Il est probable que ce sujet lui a été tout entier fourni par son imagination, et qu'il s'est seulement inspiré sur les récits des voyageurs qui ont visité la grande plaine d'Athènes et les débris des édifices de Périclès. Sa composition est riche et bien ordonnée. Ce massif d'arbres et d'arbustes qui en occupe la droite, et du milieu duquel s'échappe une nappe d'eau qui tombe en cascade, est groupé avec art; et les ruines sur le second plan sont disposées de manière à donner l'idée de la grandeur et de la magnificence qui caractérisent les monumens de ce pays des arts. L'artiste s'est habilement tiré de la difficulté qu'il pouvait y avoir pour un peintre anglais, de rendre un ciel et un jour d'orient, habitué qu'il est à n'avoir sous les yeux rien qui y ressemble, et il n'est pas jusqu'aux figures dont il a animé son paysage, qui ne donnent un air de vérité à cette vue.

LE LAC DE NEMI,

PAR J. ALLEN.

Le lac de Nemi est situé sur la route de Guesana, à peu près à 13 milles de Rome. Comme le lac Albano, c'est un ancien cratère éteint. Il s'avance dans les montagnes plus loin que le lac Albano, mais est moins grand que ce dernier, et ne remplit qu'une partie de l'amphithéâtre que forme le cratère. L'autre partie et les hauteurs qui le dominent sont couverts de jardins et de vergers bien plantés qui prouvent la grande fertilité de ces terrains. La ville et le château de Nemi sont comme suspendus à l'est du lac, sur un rocher élevé, d'où la vue s'étend à une distance considérable. La richesse et la beauté du pays fixent l'attention des voyageurs, et la plupart des artistes qui vont à Rome pour perfectionner leur talent, ne manquent pas de visiter le lac Nemi et d'enrichir leurs portefeuilles d'études faites d'après les sites pittoresques que présentent ses bords.

Le NORTH-FORELAND,

PAR G. CHAMBERS.

Les Français qui sont allés directement de Boulogne ou de Calais à Londres, en remontant la Tamise, peuvent reconnaître dans cette planche le point des côtes de la Grande-Bretagne qu'ils ont aperçu en premier après avoir perdu de vue celles de France. C'est le North-Foreland, situé à l'extrémité de la partie du comté du Kent, que l'on appelle l'île de Thanet. Là, le mal de mer, qui les a tourmentés sans relâche pendant plusieurs heures, commence à leur laisser quelque repos : ils vont entrer dans la Tamise, et si l'on ne peut encore distinguer les eaux du fleuve de celles de la mer, si le bâtiment continue à éprouver ce roulis et ces coups de tangage qui font ressentir un aussi cruel et fastidieux malaise, du moins leurs regards se reposeront sur un rivage couvert de verdure et d'habitations ; dans peu d'instans, ils seront devant Ramsgate, qui n'est plus éloigné d'eux que d'un mille et demi : ils auront sous les yeux le magnifique spectacle d'une forêt de mâts, rencontreront une foule de navires de toutes les nations qui montent et descendent la Tamise, comme des voitures parcourent les rues les plus populeuses d'une grande ville, et passant de merveilles en merveilles, arriveront bientôt à cette dernière qui est le but de leur voyage, la capitale du monde industriel.

Le North-Foreland signifie cap ou promontoire du nord : celui du sud, South-Foreland, est situé entre Douvres et Deal, dans le même comté.

Sur le sommet du Nord-Foreland, qui est l'endroit le plus élevé de toute cette partie de la côte, il y avait autrefois une tour en bois au haut de laquelle était un fanal pour avertir les vaisseaux de l'approche des

9

sables de Godwin qui sont près de là. Cette tour fut brûlée par accident en 1683, et le phare fut pendant quelque temps remplacé par une lanterne où l'on hissait une lumière. Depuis on y a érigé un nouveau phare, haut de cent pieds. Les navires qui passent devant paient, pour son entretien, un droit qui est de deux pences (20 centimes) pour les bâtimens anglais, et du double pour les bâtimens étrangers.

EGLISE SAINT-JACQUES,

A DIEPPE,

PAR ROBERTS.

De tous les monumens qui dominent la ville de Dieppe, le plus ancien et le plus intéressant, sous le rapport de l'art, est sans contredit l'église Saint-Jacques. C'est un grand vaisseau d'une belle proportion, d'un plan simple et noble : l'extérieur offre de beaux détails sculptés ; à l'intérieur, il y a des restes d'une décoration riche et brillante.

Une tour carrée et ouvragée, d'une ordonnance et d'un goût simple et sévère, est le plus bel ornement et comme la couronne de cette église. Le reste de l'édifice est un peu confus, sans harmonie et généralement trop mutilé pour qu'on puisse saisir les intentions de l'architecte ; mais on remarque çà et là quelques détails de la plus grande beauté. On peut citer surtout les gargouilles ou gouttières de la nef du côté du nord, jusqu'à l'angle du portail : la plupart de ces gargouilles représentent des chimères, des dragons ailés et autres animaux fabuleux, dessinés et sculptés avec une franchise et une hardiesse admirables.

C'est un de ces points de vue qu'a choisi M. Roberts ; son dessin, d'une admirable exécution et digne d'être confié à l'habile burin de M. Higham, donne une idée fort exacte de la richesse d'architecture de ce beau monument, et aussi de l'état de ruine où il est tombé par l'effet des dévastations de la guerre.

Une Scène

DES

SAISONS DE THOMPSON,

PAR J. FUSSELL.

Cette galerie devait offrir un échantillon de tous les genres de peinture qui sont cultivés par les artistes de nos jours, en Angleterre, et les éditeurs, pour donner un sujet d'animaux, ne pouvaient mieux faire que de s'adresser à M. J. Fussell, qui jouit à juste titre d'une grande réputation dans ce genre. Son talent n'est sans doute pas à comparer à celui du célèbre Landseere. Celui-ci est plus artiste, a plus d'imagination et de style; mais si M. J. Fussell doit le reconnaître pour son maître sous ce rapport, il se distingue par une qualité bien essentielle, la vérité. Il rend avec fidélité la forme des animaux et leurs attitudes habituelles. Par le motif qu'il préfère copier la nature à s'abandonner à son imagination, ce sont les animaux domestiques qu'il représente le plus ordinairement dans ses tableaux, et il a trouvé un sujet tout-à-fait analogue à son talent, dans cette description des *Saisons* de Thompson :

« Le ruisseau murmure à travers le bocage sonore. Tantôt il bouillonne sur les pointes d'un rocher, tantôt semble se perdre au milieu des roseaux d'un lac qu'il traverse; puis, bondissant tout à coup, il en sort en torrent, et bientôt ses eaux se répandent en une plaine limpide. Les troupeaux forment, auprès, des groupes variés: sur la rive couverte d'une herbe haute et touffue, des animaux ruminans sont mollement couchés, tandis que d'autres, pour se désaltérer, entrent dans l'eau jusqu'au ventre, et la tête baissée aspirent doucement l'onde qui les entoure. Là, le laborieux bœuf, au front honnête, dont il secoue la crinière en désordre, fouette de sa queue les nombreux insectes qui assaillent ses flancs ; tranquille au milieu de ses sujets, le pâtre-roi, dort, les bras autour de sa tête, sur un lit de mousse. »

Les

CHANTEURS DE VILLAGE,

PAR J. M. WRIGHT.

L'Angleterre assurément n'est pas le pays des arts: ce n'est pas surtout celui de la musique; mais est-il un peuple qui ne chante? Sans se départir toutefois de leur gravité habituelle, les Anglais chantent donc aussi. Vous voyez dans une taverne des amis réunis à table, passer plusieurs heures sans échanger une seule parole ; lorsqu'après avoir vidé quelques pots de porter ou de bon ale, et savouré le régal de tartines de pain couvertes de jambon ou d'une épaisse couche de fromage fondu dont le goût est relevé par force poivre et moutarde, ils commencent à éprouver les effets de la fermentation de ce mélange, la plupart s'abandonnent à un profond sommeil, ou l'œil fixe, la physionomie immobile, paraissent livrés à de profondes méditations, pendant l'espèce de crise que subit leur estomac surchargé; mais il s'en trouve toujours au moins un chez lequel les épaisses vapeurs de la bière éveillent quelque velléité musicale. D'une voix gutturale, et tour à tour les dents serrées ou la bouche ouverte démesurément, il entonne un air national ou psalmodie une chanson burlesque, dont chaque couplet est accueilli par des cris, des sifflets et de bruyans éclats de rire. Impassible, il attend que tout ce tapage ait cessé pour recommencer ses chants, et il peut se régler sur un certain nombre de mesures, car alternativement et dans un temps marqué, un tapage épouvantable éclate et le silence le plus profond se rétablit. C'est ordinairement un vieux plaisant qui a le privilége d'égayer ainsi l'assemblée et de lui faire passer une soirée aussi agréable.

Le souvenir de quelque scène de ce genre a sans doute inspiré à M. Wright le sujet de la planche que nous donnons ici. Deux graves personnages exécutent un morceau de musique, après avoir bu leur pot de bière et fumé leur pipe; tandis qu'un troisième, couché sur la table, les yeux fermés et la bouche ouverte, semble faire la basse en ronflant. La physionomie d'une jeune servante qui s'éloigne comme à regret, exprime à la fois la malice et l'admiration : si la figure grotesque des virtuoses lui prête à rire, elle n'en est pas moins sous le charme de leurs voix harmonieuses.

L'ABBAYE DE RIVAULX,

PAR J. M. W. TURNER.

NOTICE SUR J. M. W. TURNER,

MEMBRE DE L'ACADÉMIE ROYALE DE PEINTURE A LONDRES.

Dans les arts, une imagination forte et ardente caractérise le mieux l'homme de génie et quand un peintre est doué de cette heureuse faculté, elle le pousse quelquefois au-delà des limites ordinaires de son art. Nous en avons eu la preuve dans les ouvrages des peintres de paysage les plus distingués de l'Angleterre, et c'est ce qui a donné naissance au style appelé *Paysage poétique*, genre qui parle moins à l'esprit qu'à l'imagination ; effet bien différent de celui produit par les ouvrages des anciens maîtres, qui sont dessinés dans un style plus simple et plus vrai. Néanmoins, tout en se livrant à son audace aventureuse, l'artiste doit reconnaître certaines règles que la raison lui indique de respecter ; son imagination peut lui faire concevoir des ombres comme Rembrandt, ou se plaire à exécuter des effets de soleil comme Claude, ou à combiner habilement des effets piquans avec les nuages et les éclairs ; mais son art ne lui permet pas de s'abandonner au gré de son imagination, comme le poète peut le faire par le langage. Cependant, sans exagérer la forme des nuages, des rochers et des arbres, sans sortir absolument de la stricte vérité de la nature, il est possible de rendre dans un tableau certaines combinaisons de formes, des effets de lumière et d'ombre et de beaux tons de couleur, de manière que chacun puisse admirer le sentiment de poésie qui a inspiré l'artiste, ainsi que l'on peut le remarquer dans les tableaux de Turner, de Danby et de Martin. Danby est poétique dans ses tons transparens, dans la puissance et dans la vigueur de ses ombres. Turner, au contraire, met sa poésie dans l'entente de ses effets de soleil, c'est dans la finesse de ses tons vaporeux d'un côté, et dans ses beaux effets lumineux de l'autre, que le sentiment élevé du peintre se fait surtout remarquer ; de même que ce qui constitue la poésie dans les tableaux de Martin, c'est, d'une part, l'apparence d'un espace

10

immense, et, de l'autre, la grandeur exagérée des contrastes entre les figures et les monumens. Dans *la Fête de Balthazar* et *la Chute de Ninive* de cet artiste, les yeux plongent à
travers une immense perspective, ces fonds qui s'étendent à perte de vue; dans ces compositions, il n'est pas sorti des limites de l'art, et il a su frapper vivement l'imagination
par des applications fortes et neuves des règles de la perspective, et par des combinaisons
qui décèlent un grand génie inventif. Dans *la Création* et dans *le Déluge*, il fit un essai
au dessus de ses forces, sans l'aide de ces ressources, et, par conséquent, il échoua. Il a voulu
aller plus loin que son art ne lui permettait de le faire, mais il a été obligé de s'arrêter court
dans ces régions qu'il n'appartient qu'au poète de parcourir.

Mon intention est de passer ici plus particulièrement en revue les ouvrages de Turner,
dont la place éminente dans les arts, comme peintre de paysage, est si bien connue, et dont
le titre à cette haute réputation est cependant si contesté. On remarque dans les tableaux
extraordinaires de ce maître, tant de beautés dans la couleur et si peu de soin dans la
forme, ils sont si brillans et si piquans d'effet, si négligés et si crus dans les détails, et
toutefois si harmonieux et si éblouissans, que l'on comprend pourquoi ils sont si chaudement
loués par les uns et si sévèrement critiqués par les autres. La même contradiction que l'on
remarque dans le style de ses ouvrages existe dans ses mœurs et sa personne. Les ouvrages
de Turner sont des ouvrages de pure imagination.

Le principal reproche que l'on adresse à Turner, c'est de s'éloigner trop souvent de la
nature dans les vues qu'il cherche à représenter. — On rapporte qu'un jour, un amateur qui
lui avait demandé de peindre la vue de son château, lui dit, lorsque le tableau fut achevé :
« *C'est admirablement beau, mais c'est dommage que ce ne soit pas plus nature* »; à quoi
Turner répondit : « *Ne voudriez-vous pas plutôt que la nature fût ainsi?* » Ceci montre bien
le sentiment de poésie qui anime cet artiste dans tous ses ouvrages. — Ceux qui doutent
de la vérité de ses tableaux devraient considérer sous combien d'aspects divers la même vue
peut se représenter, suivant les différentes organisations des spectateurs : ainsi, tandis que le
crayon de Canaletti décrit avec tant de clarté et de précision chaque ligne qui donne la forme
distincte aux objets, Turner, avec un sentiment différent, absorbe les détails de la forme
dans les grandes masses, dans la douceur de l'atmosphère, et cherche la beauté dans la
couleur, fait le bleu de ciel suave, et les devans heurtés et d'un ton flou, et cela avec des
oppositions très harmonieuses. Il y a certains jours dans l'année où le soleil donne aux
objets éloignés une beauté de couleur particulière, qui ont fait dire à plus d'un spectateur :
C'est bien là un Turner! — Il n'y a pas d'analyse qui puisse mieux faire comprendre la
vérité et l'étendue du talent de cet artiste qu'une exclamation aussi naturelle et aussi spon-
tanée. On doit reconnaître en même temps que si la nature se montre quelquefois sous un
aspect que le crayon de Turner se plaît à représenter, il la sacrifie trop fréquemment à son
goût pour la couleur, et que souvent la propriété et la finesse de ton de ses ciels et
de ses fonds est détruite par la négligence qu'il met dans l'exécution de ses premiers
plans.

En suivant les progrès de l'artiste dès ses premiers essais, et en recueillant quelques
renseignemens sur son caractère et sur sa manière de vivre, nous pourrons alors nous

expliquer quelques unes de ses erreurs, et arriver à une plus juste appréciation de son mérite.

Le premier ouvrage de Turner, que peu de personnes connaissent, et qui sans doute est conservé avec soin par quelque amateur des trésors de l'art, représente une *Vue de l'Eglise de Margate* (sur la Tamise), lieu de sa naissance, où son père exerçait la profession de barbier ; ce dessin est très faible, en le jugeant même comme un premier ouvrage. On y remarque un arbre sans forme, qui est tellement empâté, qu'on le dirait fait en frottant le papier avec un pain de couleur fondu dans l'eau. Son second ouvrage représente une *Vue de la Mer et de l'Eglise,* prise dans le même endroit, et n'est pas moins indifférent.

Lorsqu'il commença à se faire connaître comme peintre d'aquarelle, l'homme le plus célèbre dans ce genre était *Girtin,* dont le succès le décourageait tellement qu'il se persuadait qu'il lui serait impossible de vivre de sa profession, parce que, disait-il, on s'adresserait toujours à *Girtin* de préférence à lui. Il n'eut pas à le redouter long-temps, car celui-ci fut enlevé tout à coup, par une mort prématurée, aux arts et à ses amis, à l'âge de vingt-sept ans, dans l'année 1802. Turner avait obtenu déjà les honneurs de l'Académie, ainsi qu'on le voit par le tableau qu'il y présenta, en 1800, lors de son élection, représentant la *Vue du Château de Dolbadern (North-Wales).*

Sir John Huning Leicester, feu lord de Tably, avait réuni dans une galerie exclusivement consacrée aux ouvrages des artistes anglais, plusieurs tableaux de Turner, qui sont : *la Chute du Rhin,* à Schaffouse ; *l'Atelier d'un maréchal ferrant; le Château de Kilgarran* (South-Wales); *l'Habitation de Pope, sur la Tamise ;* ce dernier fut habilement gravé par J. Pye, et les figures par Charles Heath ; *le Lac de la Tour avec des bateaux,* au parc de Tably ; *Vue sur la Wye.*

Lors de la vente de cette collection, qui eut lieu à la mort du noble lord, Turner acheta lui-même le tableau qui représentait *les Bateaux de Pêcheurs hollandais,* qui fut vendu quatre cent quatre-vingt-dix guinées (environ quinze mille francs). Ce tableau excita tellement l'admiration des personnes présentes à cette vente, qu'elles la manifestèrent par des battemens de mains unanimes. L'enchère, qui fut très animée, excita aussi des applaudissemens, et lorsque Turner devint acquéreur de son propre ouvrage, il reçut les félicitations de l'assemblée.

Plusieurs autres de ses tableaux trouvèrent encore un grand prix : *l'Atelier du maréchal ferrant,* représentant un boucher discutant sur le prix qu'on lui demande pour avoir ferré son ponney, tableau très célèbre de cet artiste, et connu sous le nom de *Hard bargain* (le mauvais Marché), fut vendu cent quarante guinées (environ trois mille cinq cents francs); *le Château de Kilgarran,* cent dix guinées ; *Pope's Villa* (Maison de campagne de Pope), deux cent cinq guinées ; et le *Lake of the Tour* fut acheté par le comte d'Egremont cent soixante-cinq guinées.

A l'époque, où ces tableaux se vendaient si cher, et étaient si recherchés par les plus grands amateurs dans la haute noblesse, Turner employait une grande partie de son temps à faire, pour divers éditeurs, des dessins à l'aquarelle destinés à illustrer des ouvrages sur la Grande-Bretagne. La quantité de dessins et tableaux qui sont sortis de son pinceau surpasse l'imagination ; et, comme il gagne beaucoup et dépense fort peu, ses revenus accumulés sont très considérables.

The Cost scenery (Vue de Côtes), qui a été gravée par W. B. et Georges Cooke; ses compositions sévères, qui ont été si bien gravées par E. Goodall; la grande Collection de ses dessins, appartenant à M. Franke, Grovenor place, et la belle suite qui illustre Windsor et ses Environs, particulièrement les Eaux de Virginie (Virginia Water) et Eton Collège, sont tous des ouvrages éminemment remarquables dans l'école anglaise, et restent comme des monumens d'originalité et de bon goût.

Dans les sujets de marine, il a toujours été, et est encore aujourd'hui très heureux. Le mouvement des flots qui viennent se briser sur le rivage, est représenté avec une vérité et une énergie qui s'étendent jusqu'au sublime. Peu de peintres ont aussi bien réussi à représenter les aspects calmes ou violens de la nature; et relativement à Turner, il est difficile de dire lequel de ces deux effets si différens convient le mieux à son talent.

Ses premières peintures à l'huile étaient beaucoup plus simples de couleur, et bien plus indiquées dans les détails que celles qu'il a produites plus récemment. Il y a des tableaux de Turner, peints au commencement de ce siècle, et même avant cette époque, qui rappellent beaucoup Gaspard Poussin. Il n'y a aucun doute que la principale cause du changement si grand qui s'est opéré dans son style, ne provienne de la rivalité produite par l'exposition annuelle de peinture à Sommerset-House, où les tableaux sont tellement entassés les uns sur les autres, que l'artiste, qui a le plus d'ambition pour arriver à une certaine réputation, cherche à attirer les regards par un coloris frais et par l'effet de lumière le plus éclatant possible; lorsque cet effort est fait par un homme de génie comme Turner, le résultat est accablant pour les artistes d'une imagination moins forte.

En 1817, Turner exposa à l'Académie un tableau qui peut être considéré comme son chef-d'œuvre; c'était la seule peinture qu'il eut à l'exposition de cette année; le sujet représentait « le Déclin de l'empire des Carthaginois. » La composition est grande, hardie, et d'une profonde conception, et l'effet en est admirable; Claude, lui-même, n'a jamais été supérieur dans aucun de ses ouvrages; c'est la perfection du paysage poétique. Le luxe, la splendeur et la grandeur déchues des Carthaginois, sont parfaitement rendues; et la lumière brillante du soleil couchant, qui dore d'un éclat passager cette grande et belle ville, indique d'une manière touchante l'état moral de cette race affaiblie.

L'année suivante, son tableau du Paquebot le Dort, attira l'admiration du public; cependant, tout éblouissant que fut le sujet, il n'échappa point à la critique des juges éclairés; et si l'on ne pouvait s'empêcher de regarder ce tableau comme un prodige de l'art, on ne pouvait pas, non plus, n'y pas reconnaître un véritable prodige de la nature, car l'effet ne pouvait être compris qu'en supposant que le soleil venait, à la fois, de deux côtés différens.

Les expositions suivantes ont montré le pouvoir de cet artiste alternativement faible ou sublime, suivant la disposition de son imagination fantasque; ainsi que l'on a pu le remarquer dans la chute qu'il fit dans les tableaux de Jessia et Palata lavant ses mains, exposés en 1830, et dans la hauteur où il se plaça tout à coup par la Vue du Temple de Jupiter Pantellenias, la Vue de l'Embouchure de la Meuse, et celle de Rome, prise du Vatican :

la grandeur de style de ce dernier tableau le place au rang des plus beaux ouvrages de cet artiste. Un de ses tableaux, le plus riche de couleur, est *Ulysse se moquant de Polyphème;* les détails y sont habilement sacrifiés à l'effet général. Le lever du soleil qui étend ses rayons sur le vaisseau doré d'Ulysse, teint les flots d'un jaune éblouissant. Cependant une partie seulement de ce sujet est rendue d'une manière poétique. Il y a sans doute une certaine licence à avoir représenté le vaisseau d'une immense grandeur, tandis que le poète décrit Ulysse écartant son vaisseau des côtes avec une rame; mais Raphaël a bien pris la liberté de réduire, dans la pêche miraculeuse, la dimension de ses bateaux dans une proportion invraisemblable si on la compare avec les figures; pourquoi alors ne passerait-on pas aussi à Turner une licence si elle a pour but d'obtenir un grand résultat dans son art.

Parmi les sujets de marine qu'il a récemment peints à l'huile, les plus remarquables sont : l'*Embouchure de la Seine*, *Quillebœuf*, les *Sables de Calais*, le *Marché aux Poissons sur le rivage de Calais*, *effet de Soleil se levant à travers le Brouillard*, le *Mont Saint-Michel* (Cornwall), *Une pêche à la ligne à Hasting*.

Le 16 octobre 1834, pendant l'incendie de la chambre des lords et des communes, on remarqua Turner, assis dans un bateau, près du pont de Westminster, et esquissant ce terrible spectacle. Ces esquisses sont deux admirables tableaux à l'huile, dont l'un parut à l'exposition de l'Académie, et l'autre à l'Institution britannique *(British institution)* dans Pall-Mall. Divers artistes, attirés par un spectacle si rare et si effroyablement beau, essayèrent de produire le même sujet; mais les compositions de Turner furent les seules dignes d'être admirées. Quoiqu'elles aient été judicieusement critiquées sous le rapport de la vérité, on ne peut pas oublier tout ce qu'elles contiennent de beautés réelles.

Depuis plusieurs années, ce grand peintre de paysage a été nommé professeur de perspective à l'Académie.

Le devoir obligé du professeur se borne alternativement à faire tous les deux ans un cours de six leçons. L'extrême difficulté qu'éprouve cet artiste à s'exprimer détruit l'intérêt que l'on pourrait trouver dans son enseignement.

Ceci nous amène naturellement à donner, sur la personne de ce grand peintre, quelques détails que les amateurs de ses ouvrages seront sans doute curieux de connaître.

Turner est un homme petit et gros; sa tête est forte, mais peu remarquable par sa forme; ses cheveux sont ordinairement peignés à plat sur le front; les traits de cet artiste sont gros et durs, et sa démarche est lourde et embarrassée. Il est âgé d'environ soixante ans; ses manières sont brusques et son costume assez négligé. Lorsqu'il sort, il porte ordinairement un habit bleu de forme très large, orné de grands boutons de métal, ce qui lui donne tout-à-fait l'apparence d'un ouvrier endimanché. Il est très réservé en société, et préfère généralement la solitude à la compagnie. On en cite un trait assez piquant : « Un artiste de quelque réputation, qui fréquentait habituellement une taverne très connue à Paddington (à Londres), remarqua que Turner venait tous les soirs y prendre son souper et un verre de grog, et toujours en parfaite solitude. Le désir qu'il avait de faire la connaissance d'un artiste si éminent, et l'occasion qu'il rencontrait de se trouver fréquemment avec lui, le décidèrent à l'aborder en l'appelant par son nom. Turner se montra très contrarié d'avoir été reconnu, et quitta de suite la salle en disant à son interlocuteur : « Monsieur, vous avez détruit tout l'agrément qu'il y avait ici pour moi, en me montrant que j'y suis connu : vous ne m'y reverrez plus. »

Turner, comme simple particulier, jouissant d'une certaine fortune, est un homme très ordinaire. Quand il est à son chevalet, on retrouve alors l'homme de génie ; et lorsqu'il vend ses ouvrages il ressemble à un véritable brocanteur. L'amour de son art semble confondu avec l'amour de l'argent : *Amor nummorum* est le stimulant qui excite le plus son imagination : son Pégase demande un éperon d'or.

L'abbaye de Rivaulx, dont M. Turner présente une vue dans ce riche paysage, est située près de Ripon, dans le Yorckshire. Elle fut fondée, en 1131, par Walter d'Espec, pour des moines cisterciens. Comme Jedburg et Melrose, et la plupart des monumens qui servirent de cloîtres en Angleterre, elle ne présente plus maintenant qu'un amas de magnifiques ruines. Les principales parties qui existent encore sont le chœur de l'église, les deux ailes qui formaient la croix, et le commencement de la tour. Ces débris occupent une grande étendue, et offrent avec le paysage qui les encadre, une vue pittoresque ; mais les détails de l'architecture de cet édifice sont dans un tel état de dégradation, que le peintre a dû n'en faire qu'un accessoire de sa composition. Il est vrai de dire aussi que M. Turner est surtout paysagiste, et que l'aspect de ces belles collines qui environnent l'abbaye de Rivaulx, avait plus d'attraits pour lui, et lui prêtait plus de moyens au développement d'un grand et riche effet qu'un monceau de ruines.

Le

CHATEAU DE WARWICK,

PAR G. MARSHALL.

Nous avons donné, page 5 de la première partie de ce recueil, une notice sur le château de Warwick. La vue que présente de ce monument le dessin de M. Marshall est plus étendue et plus complète que celle faite par M. Cattermole. Tours crénelées, épaisses murailles percées de meurtrières et de hautes fenêtres en ogives, on remarque ici tout ce qui caractérise les anciens manoirs des hauts et puissans barons des temps passés. Mais un charmant paysage contraste avec cet aspect gothique, et donne lieu de penser que ces terribles seigneurs, que l'on se représente toujours armés de pied en cap et toujours guerroyant, étaient, tout autant qu'on peut l'être, sensibles aux beautés de la nature. De leurs redoutables citadelles, ils aimaient aussi à promener leurs regards sur des sites pittoresques et romantiques, et lorsqu'ils asseyaient leurs demeures sur le sommet ou le penchant d'une colline élevée, ils cherchaient un point favorable à la fois à défense et d'où ils pussent jouir d'un riche coup d'œil. Sous l'un comme sous l'autre rapport, la position du château de Warwick était admirablement choisie. Du haut de ses tours élevées, la dame châtelaine qui attendait le retour de son noble époux de quelque expédition aventureuse, long-temps avant le bonheur de le serrer dans ses bras, jouissait du plaisir de l'apercevoir environné de la brillante escorte de ses écuyers et hommes d'armes, galopant à travers les belles prairies qu'arrose en serpentant la rivière d'Avon; comme la sentinelle pouvait découvrir à une distance éloignée l'approche de l'ennemi, donner l'alerte et mettre la garnison à l'abri de toute surprise.

L'ABBAYE DE FURNESS,

PAR D. COX.

———◆◆———

L'abbaye de Furness, dans la partie nord-ouest du Lancashire, est un de ces magnifiques monumens religieux que les Anglais détruisirent avec tant d'ardeur aux temps de la réforme, et aux restes desquels ils semblent maintenant vouer une sorte de culte. Ses ruines, entièrement isolées, sont situées sur la rive d'un petit ruisseau et au milieu d'un bois d'arbres antiques, dans une vallée étroite, appelée la vallée de Nightshade. Les détours du bois cachent l'abord du monastère jusqu'à un détour de la route d'où l'on aperçoit tout à coup la porte septentrionale, belle arche dont un des côtés est couvert de morelles. Un mur épais et élevé forme l'enceinte de l'abbaye. L'édifice a été construit en pierre rouge pâle, tirée des rochers voisins, à laquelle le temps a donné une couleur brune qui s'harmonise bien avec les plantes et les arbrisseaux qui pendent de ces murailles et de ces arches en ruines. La partie orientale du chœur et la grande fenêtre du nord sont ce qui est le mieux conservé. On remarque encore les colonnes brisées et les arcades des chapelles maintenant toutes découvertes, la maison du chapitre et les cloîtres. Ces ruines s'étendent sur une longueur de deux cent quatre-vingt-sept pieds, et les murs d'environ cinq pieds d'épaisseur ont encore plus de cinquante pieds d'élévation. On voit le long d'une vaste cour carrée, à l'ouest de l'église, les fondations d'une galerie sous laquelle les moines passaient dans les processions. De ce qui fut le beffroi, il ne reste qu'une masse de ruines. La tour s'étant écroulée, gît sur la terre en énormes fragmens qui ne présentent d'ailleurs rien de curieux.

Cette abbaye fut fondée par le roi Etienne, alors comte de Mortaigne

11

et Boulogne, et dédiée à la sainte Vierge. Elle reçut une colonie de moines de Savigny en Normandie, qui prirent le nom de moines gris à cause de la couleur de leur habit. Ils devinrent cisterciens dans la suite, et l'abbaye resta attachée à cet ordre jusqu'à la dissolution des couvens.

MARCHÉ AU POISSON,

A ROTTERDAM,

PAR J. W. TURNER.

———◆◆———

Rotterdam, ville et port de Hollande, est située sur le Rotter, à l'endroit où cette rivière réunit ses eaux à celles de la Meuse. Cette place jouissait des priviléges d'une ville vers l'an 1270, et fut toujours considérée comme la plus importante de la Hollande après Amsterdam, à cause de son port et de ses canaux. Les Anglais préfèrent le port de Rotterdam à celui d'Amsterdam, parce qu'il suffit aux navires qui partent de lever l'ancre pour être emmenés en mer par la marée descendante. Les rues de la ville sont longues, étroites et pavées en briques. Parmi les principaux monumens, on remarque la maison de ville, la banque, les hôtels des compagnies des Indes orientales et occidentales, l'arsenal, plusieurs églises, et entre autres Saint-Laurent, dont nous avons donné une vue. A l'est de la ville est un large bassin, un dock et un chantier où l'on construit les navires de l'amirauté et de la compagnie des Indes orientales. La ville possède un grand marché au poisson, qui est très abondant dans ce pays. C'est de cette place que M. Turner a dessiné une vue. Erasme naquit à Rotterdam, où l'on montre sa maison et sa statue.

Fin de la deuxième et dernière Série.

TABLE GÉNÉRALE.

PREMIÈRE SÉRIE.

DEUXIÈME SÉRIE.

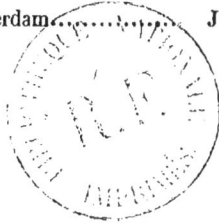

FIN DE LA TABLE.

IMPRIMERIE DE MAULDE ET RENOU, SUCCESSEURS DE A. PINARD,
QUAI VOLTAIRE, N° 15, A PARIS.

KELSO ABBEY,
ROXBURGSHIRE

From an Original Drawing by D. Roberts.

London, Published March 1st 1836 by Sands, Fuller & Chill Stationers Court, & J. & F. Harwood, Fancy Street Kings Cross

ST. MICHAEL'S MOUNT, CORNWALL.

From a Drawing by Clarkson Stanfield, A.R.A.

Engraved by Le Petit.

London: Published for the Proprietor by Simpkin & Marshall, Stationers Court.

WARWICK CASTLE,

From a Drawing by G. Cattermole.

London, Published for the Proprietors, by Chapman & Hall, 186 Strand.

JEDBURGH ABBEY,
ROXBURGHSHIRE.

From an Original Drawing by D. Roberts

Engraved by R. Floyd.

London, Published June 1st 1834 by Simpkin & Marshall, Stationers Court & J. W. Stevens 10 Derby Street, Kings Cross.

VELETRI.
NEAR ROME.

From a Drawing by P. Robins
Engraved by J. Henshall

London Published for the Proprietor by Simpkin & Marshall, Stationers' Court.

Original Drawing by G. Ebinoa

Engraved by J. H. Kell

London Published by Simpkin & Marshall, Stationers Court, & J. W. Stevens 10 Derby Street Kings Cross

SCENE FROM SIR WALTER SCOTT'S KENILWORTH.

WAYLAND AND WOMEN & JANET

From an Original Drawing by J. Leslie

London, Published Aug. 1. 1834, by Chapman & Marshall, Stationers Court &c. W Stevens 10, Derby Street, King's Cross

BRUGES.

From an Original Drawing by R.P. Bonnington

Engraved by W Henshall

London Published Augt 1st 1834 by Simpkin & Marshall Stationers Court, & J W Stevens 10 Derby Street Kings Cross.

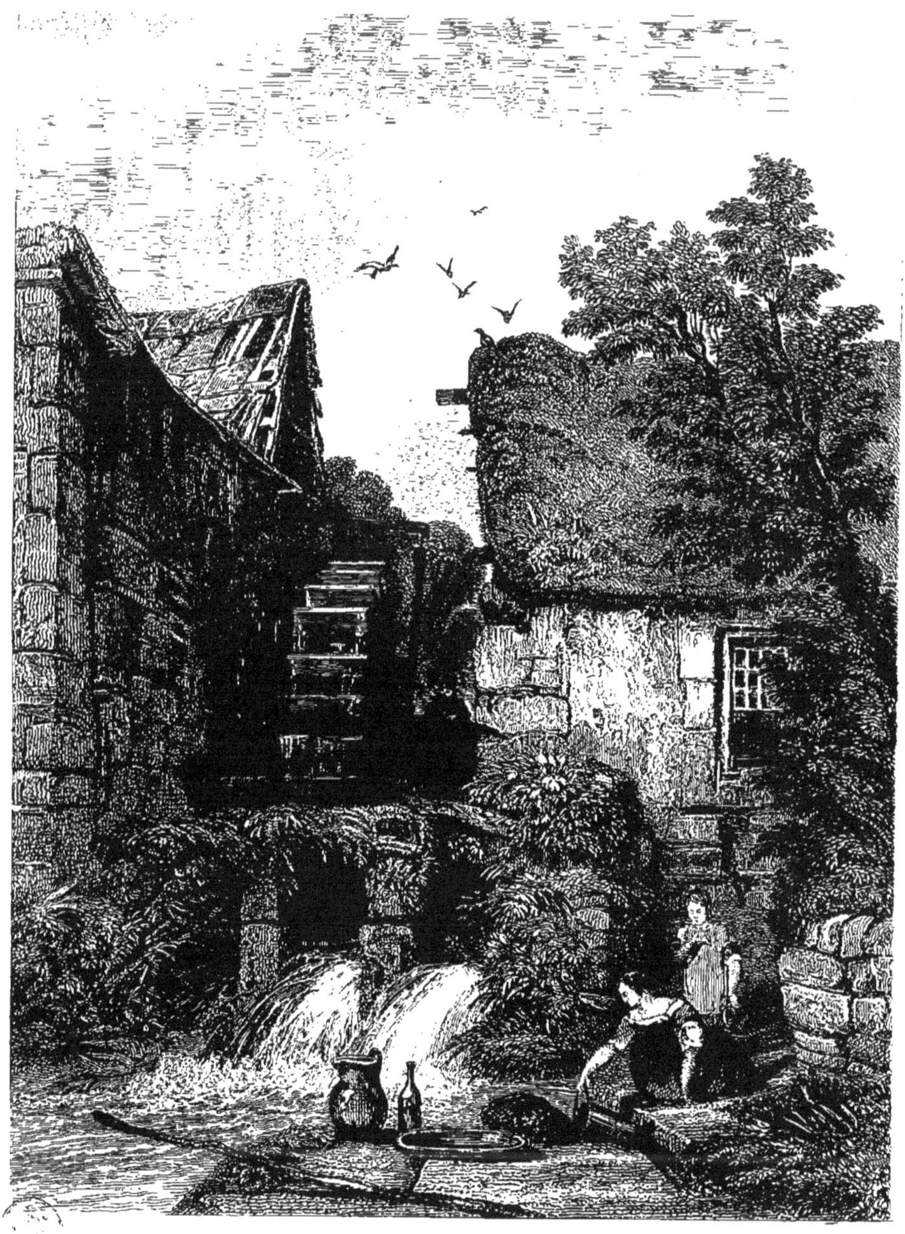

WATER WHEEL,

an Original Drawing by

ST LAWRENCE CATHEDRAL,
ROTTERDAM

From an Original Drawing by G. Balmer

Engraved by H. Winkles

London, Simpkin & Marshall, Stationers Court & H. G. Clarke & Co, Old Derby Street, Kings Cross

BOATS OFF THE PORT OF YARMOUTH.

From an original Drawing by J. S. Cotman

Engraved by W. Miller

London. Published by Sutphen & Marshall, Stationers Court & J. W. Stevens, 10 Derby Street, Kings Cross

MELROSE ABBEY,

ROXBURGSHIRE.

From an Original Drawing by D. Roberts.

Engraved by J. C. Bentley.

London: Simpkin & Marshall Stationers Court, & T.W.Stevens, 10 Derby Street, Kings Cross.

www.ingramcontent.com/pod-product-compliance
Lightning Source LLC
Chambersburg PA
CBHW052038270326
41931CB00012B/2550